PIANO · VOCAL · GUITAR

Mary J. Blige
Reflections (A Retrospective)

D0503929

ISBN 978-1-4234-2874-9

HAL•LEONARD®
CORPORATION
7777 W. BLUEMOUND RD. P.O. BOX 13819 MILWAUKEE, WI 53213

Visit Hal Leonard Online at
www.halleonard.com

REFLECTIONS
(I Remember)

Words and Music by MARY J. BLIGE, JOHNTA AUSTIN,
BRYAN MICHAEL COX and KENDRICK DEAN

Moderate Hip-Hop

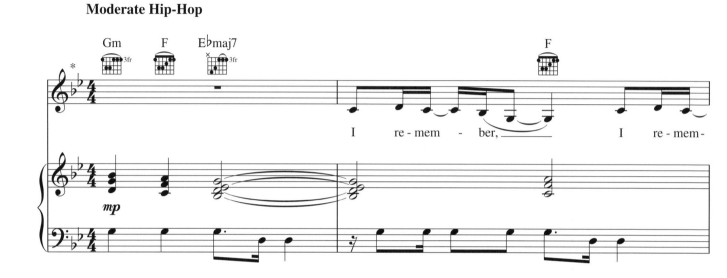

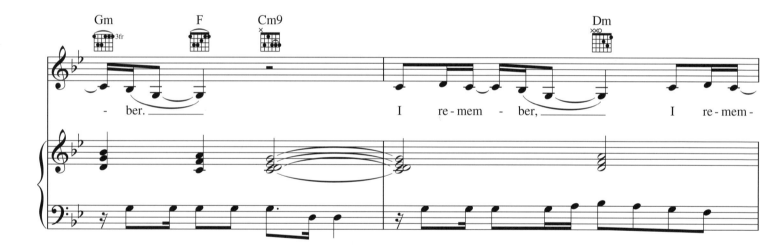

* *Recorded a half step higher.*

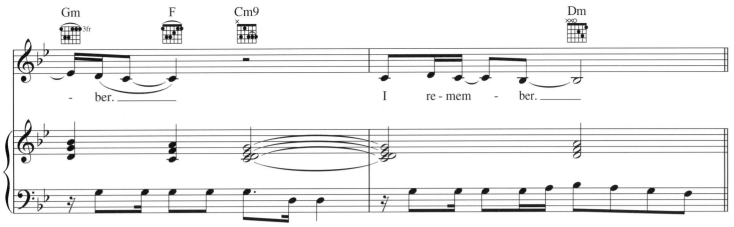

ci, I was young and tough and fresh and rough and it was all a

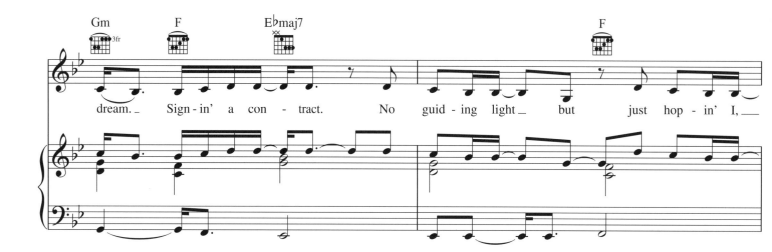

dream. Sign-in' a con-tract. No guid-ing light but just hop-in' I,

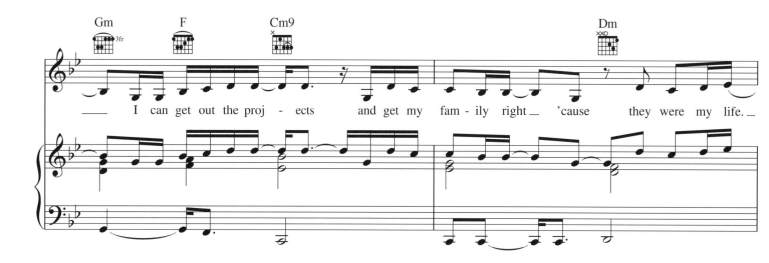

I can get out the proj - ects and get my fam-ily right 'cause they were my life.

In a red zone and a Bent-ley's you can catch me tryin' to do

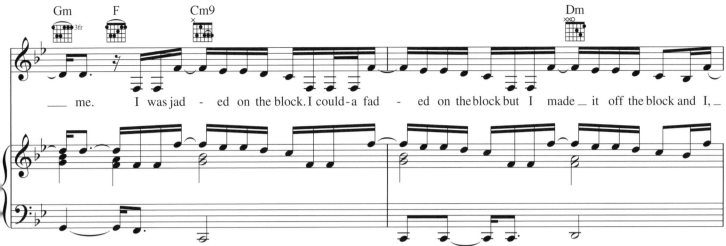

To Coda ⊕

and now I know) _ heart-break don't _ ex - ist _ when _ it's _ been torn

_ a - part _ by love. _ I used to throw a fit. I used to shut it down and blame it on a

man. _____ But that was Mar - y then and this is Mar - y now, you got - ta un - der-

stand. _____ It's a - bout _ how we _ re - spect _ our - selves _ and the men _ have no _ con - trol _

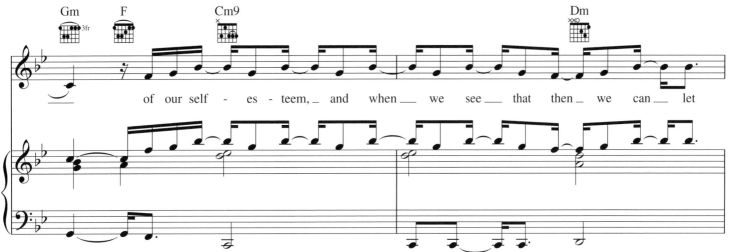

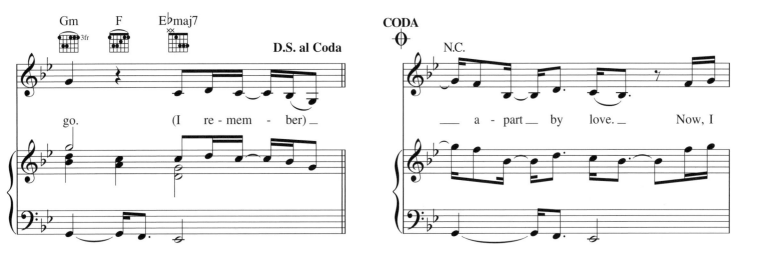

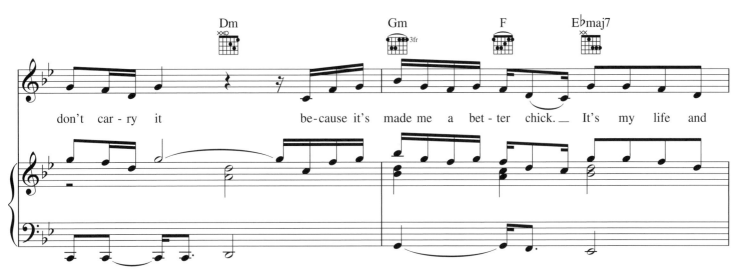

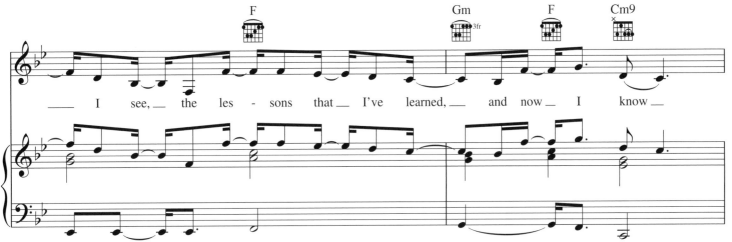

I see, the les - sons that I've learned, and now I know

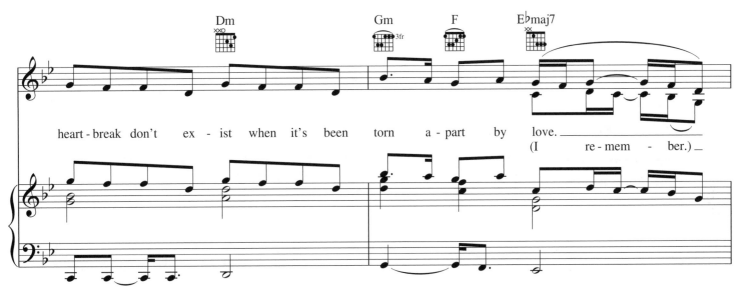

heart - break don't ex - ist when it's been torn a - part by love. (I re - mem - ber.)

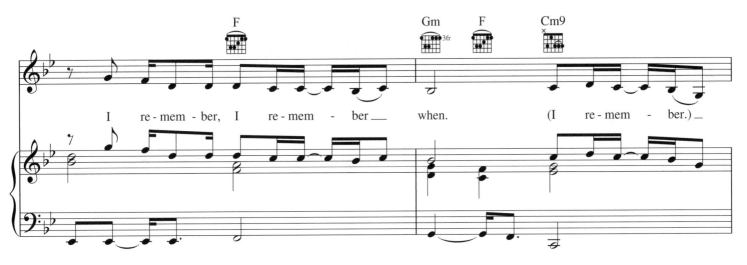

I re - mem - ber, I re - mem - ber when. (I re - mem - ber.)

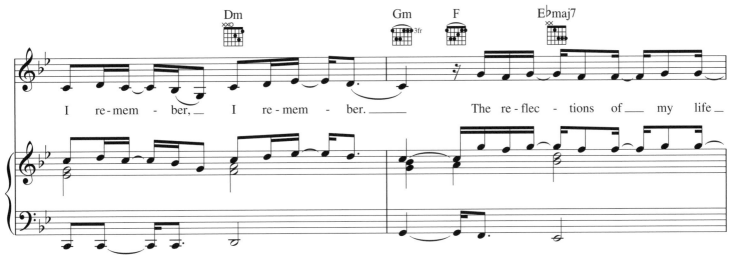

I re - mem - ber, I re - mem - ber. The re - flec - tions of my life

I see,__ the les - sons that__ I've learned,__ and now__ I know _____

heart - break don't ex - ist when it's been torn a - part by love. _____
(I re - mem - ber.) __

(Lead vocal ad lib.)

(I re - mem - ber.) __

(I re - mem - ber.) __

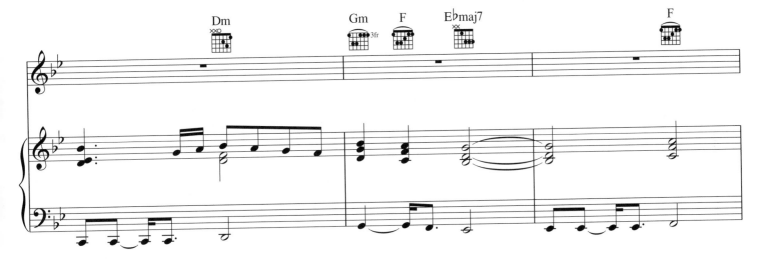

WE RIDE
(I See the Future)

Words and Music by MARY J. BLIGE, JOHNTA AUSTIN,
BRYAN MICHAEL COX and KENDRICK DEAN

* *Recorded a half step lower.*

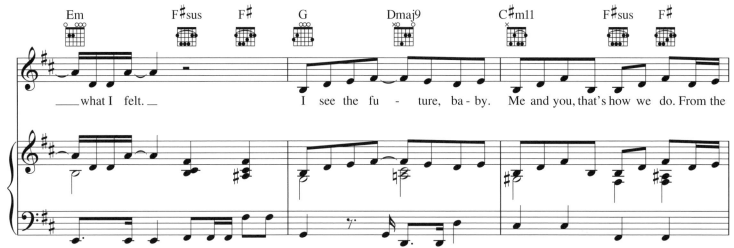

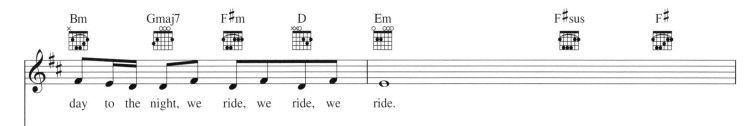

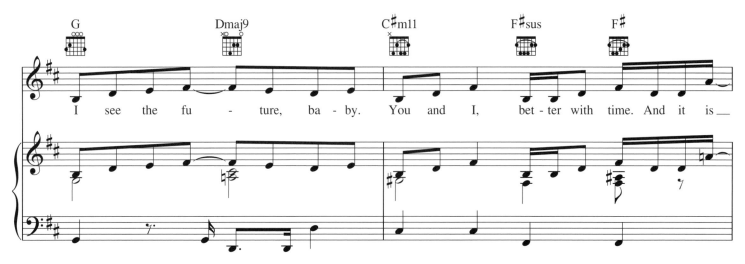

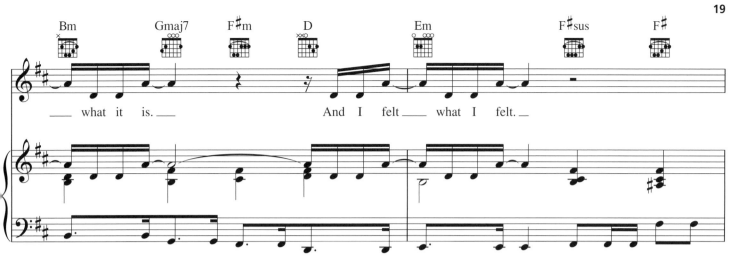

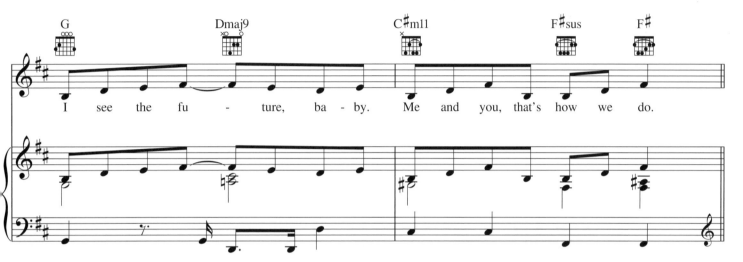

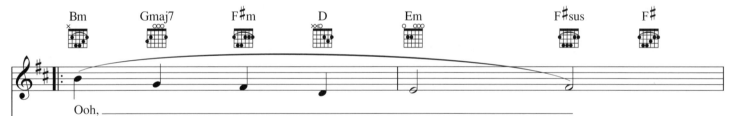

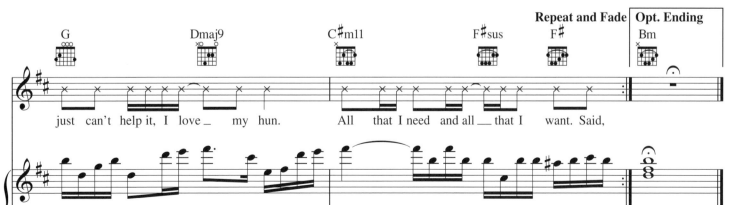

YOU KNOW

Words and Music by MARY J. BLIGE,
SEAN GARRETT and ERIC HUDSON

Nev-er would-'ve thought __ it was you __ that would choose me.

Now I'm on the flight, __ ain't a-fraid of heights. __ I can breathe

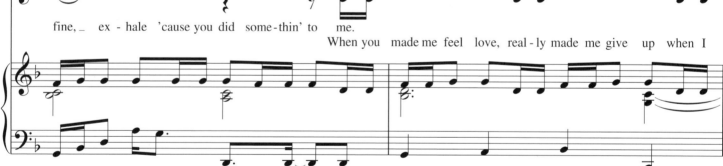

Dm7　　　　　　　　　Gm7　　　　　　　　　　C

fine, __ ex-hale 'cause you did some-thin' to me.
　　　　　　　　　　　　When you made me feel love, real-ly made me give up when I

Gm7　　　　　　　　　　　　　　　C

did-n't see much, when I felt your touch. What a man say once in the first twelve months, I ain't

heard all my life from the clos-est one. — There's so much I knew, too good to be true when it

came so fast. What's a girl to do? Nev-er will I say, when a man won't change, that you

changed my life and I'm so damn hap-py, babe. Know when you know, you know, — you know, know when you

know, when you know, know, know, know, —know, know, know right. Know when you know, you know, —you know, know right. You

D.S. al Coda

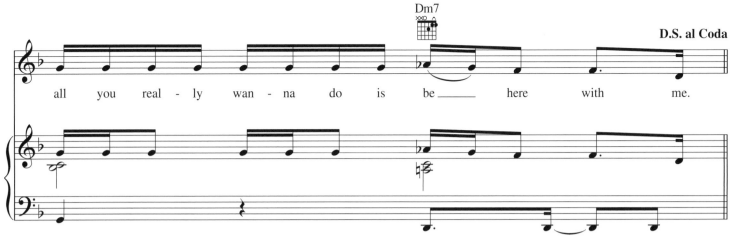

all you real - ly wan - na do is be _____ here with me.

CODA

know what you want when you feel that you want _ it. You _____ know

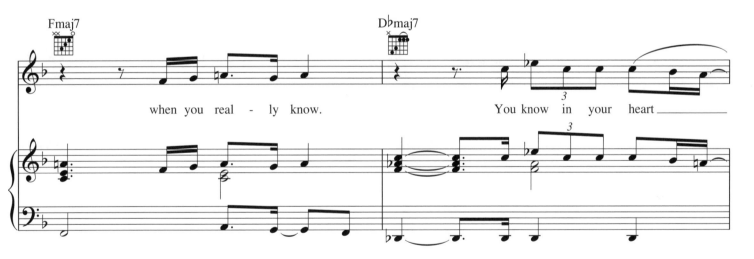

when you real - ly know. You know in your heart _____

_____ that you fell in love. _____ Let this feel - in' make you

lose con-trol _____ and just ___ let go _____ be-cause ___ you know when you know. ___

You ___ know. _____ You

know what you want when you feel that you ___ want ___ it. Know when you know, you know, ___ you know, know when you

know, when you know, know, know, know, ___ know, know, know right. Know when you know, you know, ___ you know, know right. You

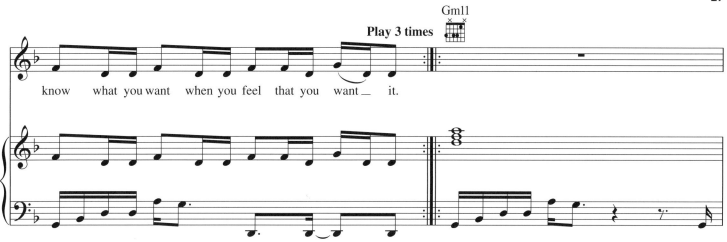

know what you want when you feel that you want __ it.

You

know what you want when you feel that you want __ it. Want __ it, want __ it, want __ it, want __ it.

KING & QUEEN

Words and Music by STEVIE WONDER,
JOHN STEPHENS and AVRIELE CRANDLE

Moderate groove

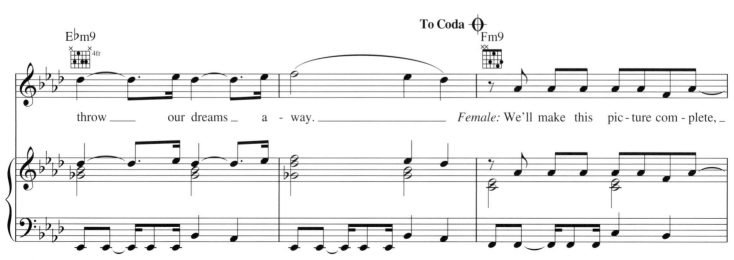

start a new fam-i-ly. ___ A boy that looks just like you, ___ a girl that looks just like me. ___

And each day that they grow, ___ we'll teach them all ___ that we know. ___ Help me show them ___ the way. ___

___ We'll show them we're not a-fraid _____ to be free, the on-ly thing that should be. The

fly-est fan-ta-sies, _____ the high-est they can dream. ___ Grab hold _____ to my hand,

say that you'll be my man. ___ Some-day you'll be my king ___ and, ba-by, I'm your queen to be. ___

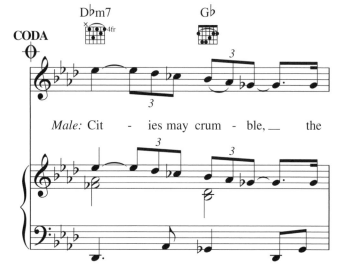

D.S. al Coda

Male: _____ La, la, la, la, la, la, la, la,

CODA

Male: Cit - ies may crum - ble, ___ the

world ___ is in trou - ble, ___ but we'll ___ be in love ___ and ___ we'll ___ rise a - bove it. ___

Each ___ of our peo - ple ___ pray for a lead - er. ___ I know ___ we could be ___ some-day, ___

NO MORE DRAMA

Words and Music by JAMES HARRIS III, TERRY LEWIS,
BARRY DeVORZON and PERRY BOTKIN

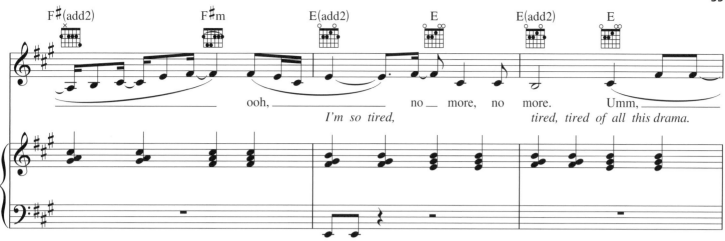

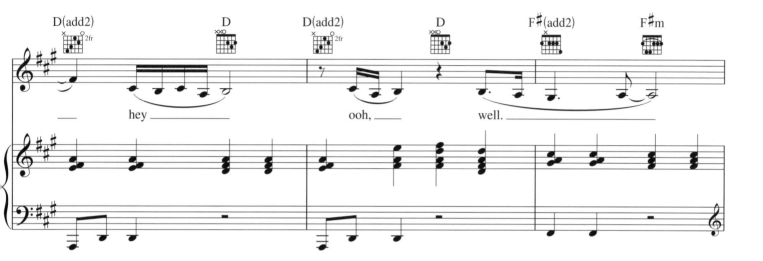

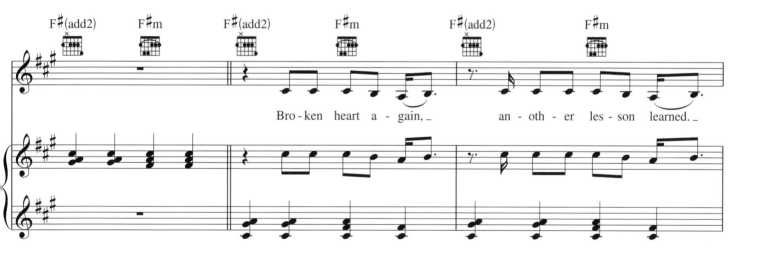

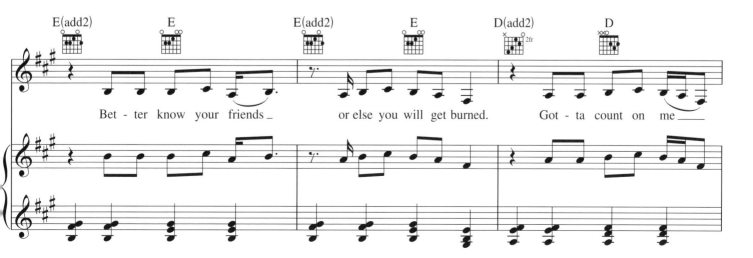

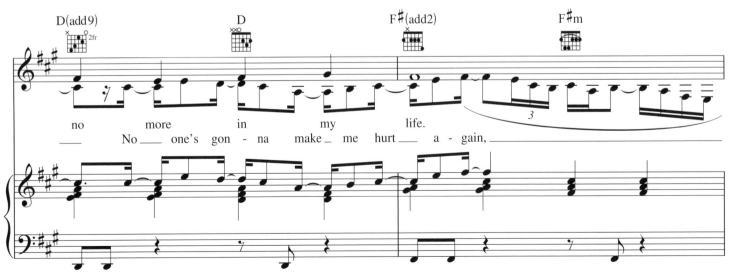

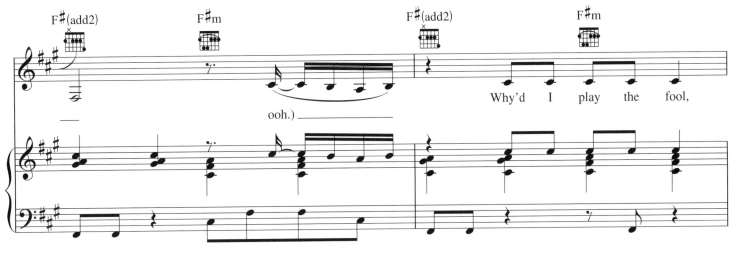

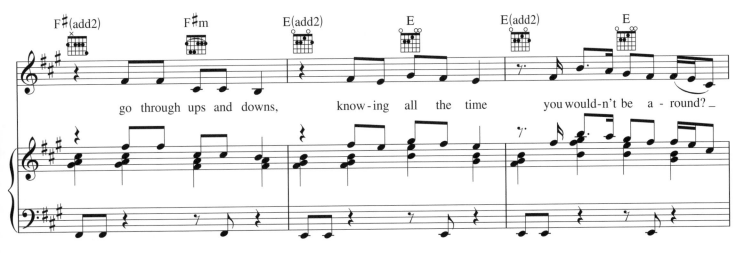

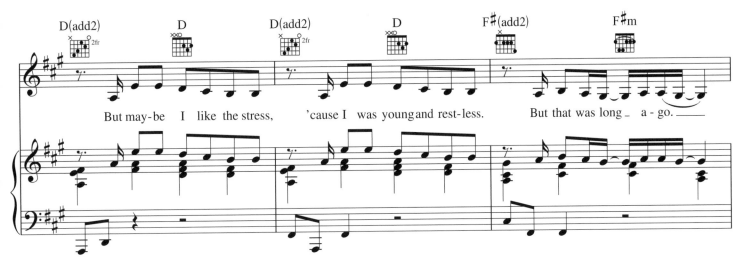

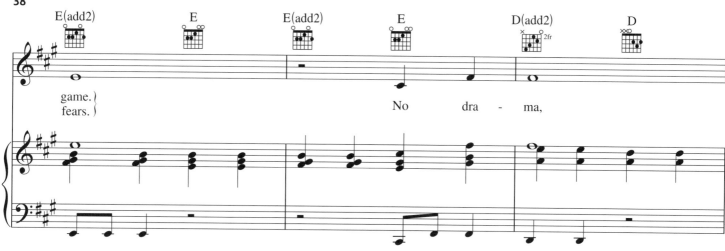

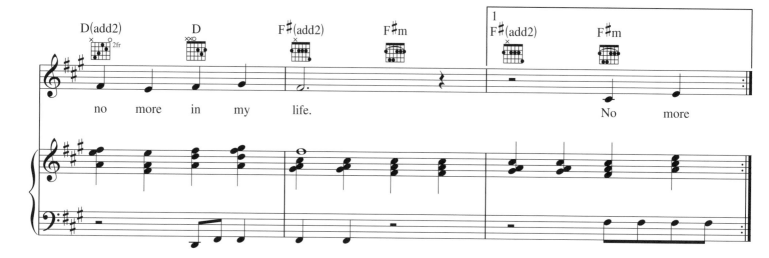

from all the pain. Free from all the game. Free

from all the stress, so bide your hap-pi-ness.

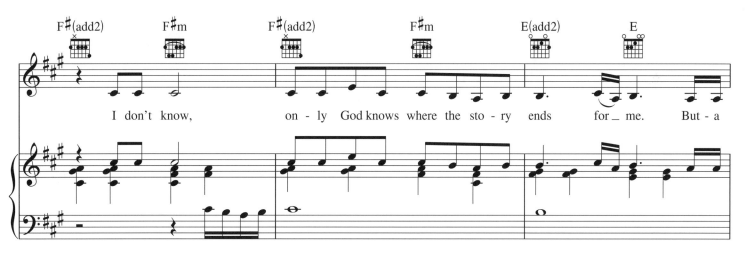

I don't know, on-ly God knows where the sto-ry ends for me. But a

I know where the sto-ry be-gins. It's up to us to choose.

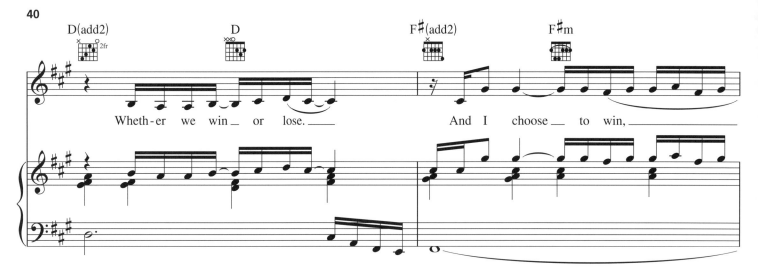

Wheth-er we win _ or lose. _ And I choose _ to win, _

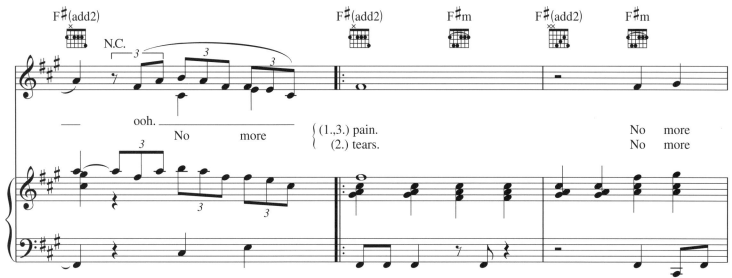

_ ooh. _ No more

(1.,3.) pain.
(2.) tears.

No more
No more

game.)
fears.)

No dra - ma,

no more in my life.

No more

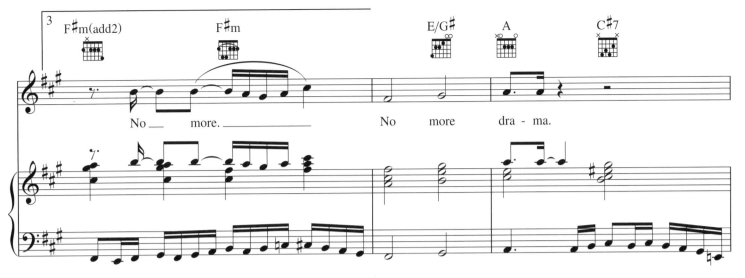

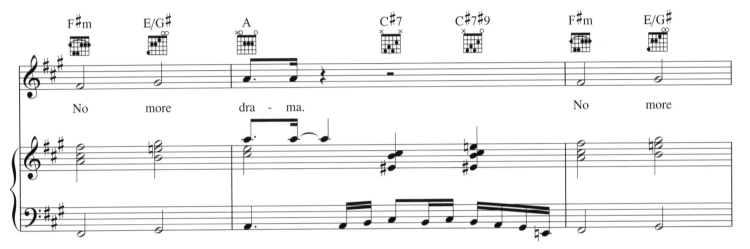

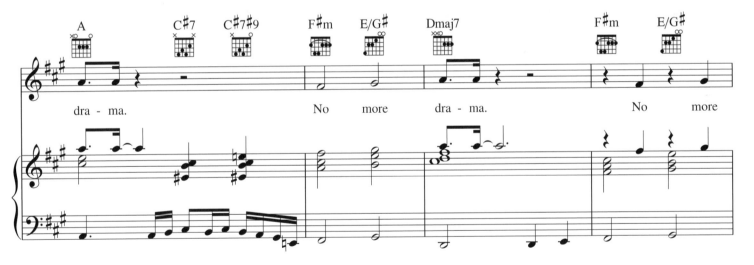

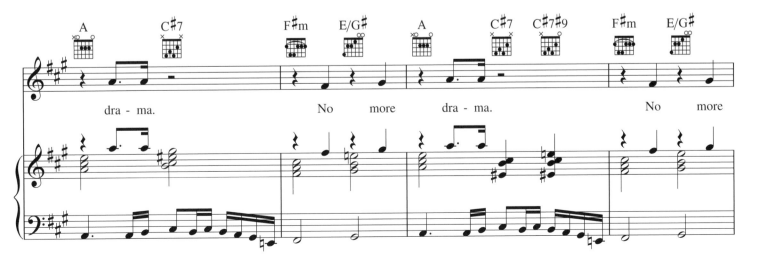

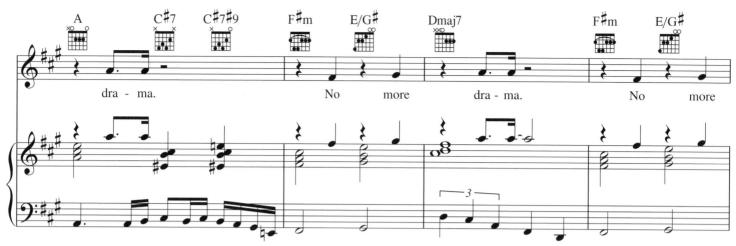

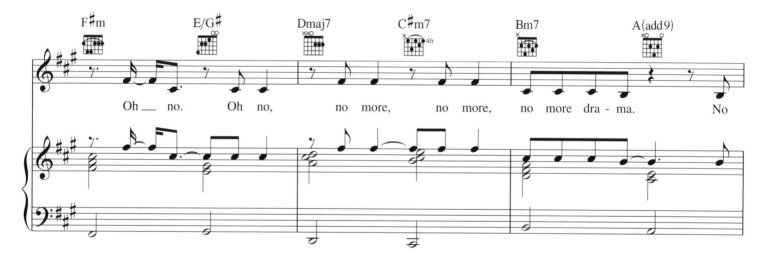

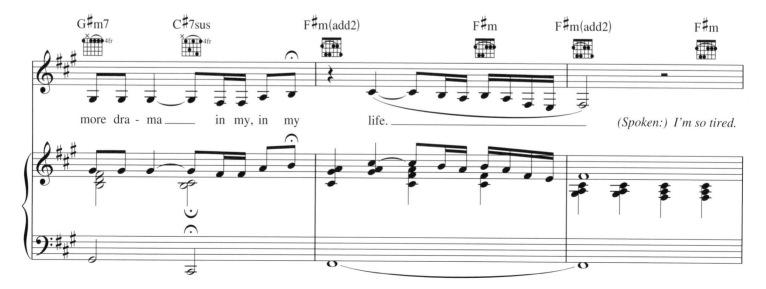

I'm — so tired, ____ so tired. — *So tired of all this drama.* Go a-head,

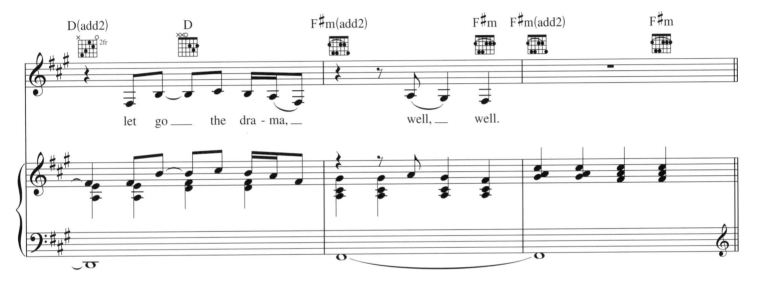

let go ____ the dra - ma, ____ well, ___ well.

Repeat and Fade

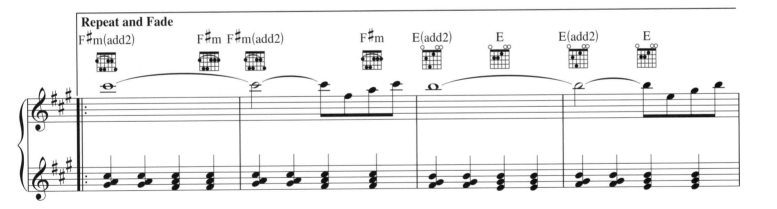

Optional Ending

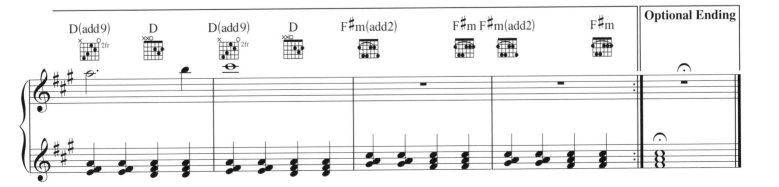

FAMILY AFFAIR

Words and Music by ANDRE YOUNG,
MELVIN BRADFORD, MICHAEL ELIZONDO,
MARY J. BLIGE, CAMARA KAMBON, LUCHANA LODGE,
ASIA LOUIS and BRUCE MILLER

Lyrics: Let's get it crunk; we're gon' have fun up on it (in this dance-a-rie). We got y'all o-pen; now ya float-in' so you (gots to dance for

* *Recorded a half step higher.*

Cm

Come on, ba-by, just par-ty with me. ___ Let loose and set your bod - y free. ___

Gm

Leave your sit - u - a - tions at the door ___ so when you step in - side, ___ jump on ___ the floor. ___

Cm

___ Let's get it crunk; we're gon' have fun up on it (in this dance - a -

Gm

rie). We got y'all o - pen; now ya float - in' so you (gots to dance for

Cm

me). Don't need no hate - a - ra - tion, hol - ler - a - tion (in this dance - a -

Gm

rie). Let's get it per - co - lat - ing while you're wait - ing, (so just dance for
Ooh, ___ it's

Cm

on - ly gon - na be a - bout a mat - ter of time ___ be - fore you get loose and start to lose your mind.

Gm

Cop you a drink; go 'head and rock your ice, 'cause we're cel - e - brat - ing no more dra - ma in our life. With a

great track pump - in', ev'ry-bod-y's jump - in'. Go a - head and twist your back and get your bod - y bump - in'. I

told you, leave your sit - u - a - tions at the door, __ so grab some-bod - y and get your ass on the dance floor.

while you're wait - ing, (so just dance for me.)
(So just dance, for we __ don't need __ no hat -

ers; __ we're just try - ing to love __ one an - oth -

er. We just want y'all to have a good time. No more

dra - ma in your life. Work real hard to make a dime. If you got

beef, your prob -'m not mine. Leave all that b. s. out - side; we're gon - na

cel - e - brate all night. Let's have fun to - night, no fights. Turn that

Cm

float - 'in so you (gots to dance for me). Don't need no hate - a - ra - tion,

Gm

hol - ler - a - tion (in this dance - a - rie). Let's get it per - co - lat - ing

Repeat ad lib. and Fade

Optional Ending

Cm

while you're wait - ing, (so just dance for me.)

Gm

REAL LOVE

Words and Music by MARK C. ROONEY,
MARK MORALES and KIRK ROBINSON

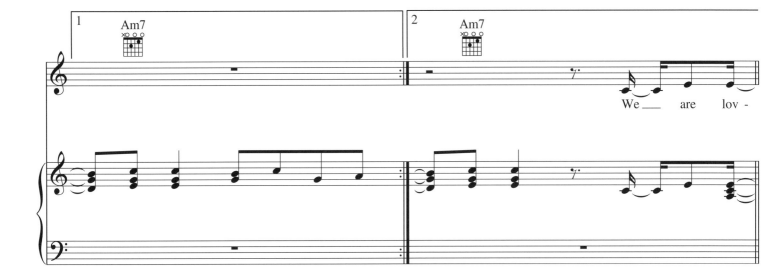

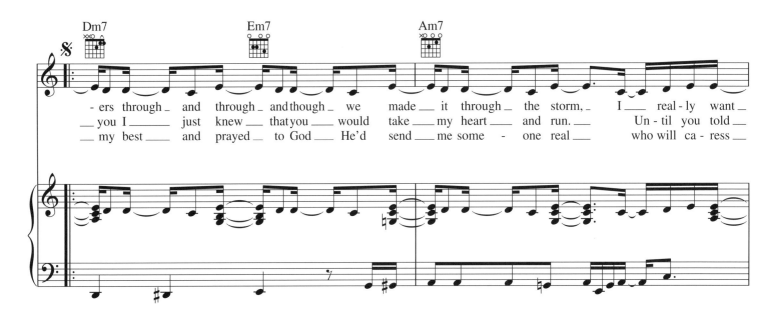

- one to set my heart free. Real love, ___ I'm ___ search-ing for ___ a ___

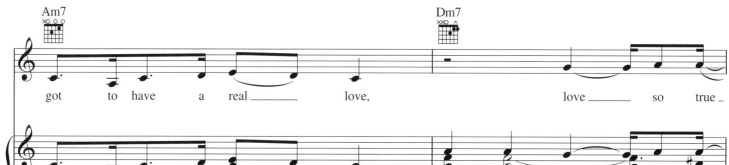

real love. ___ Ooh, ___ when _ I met _ real love. ___ I've

got to have a real ___ love, love ___ so true _

___ and oh, ___ ba - by, ___ I ___ thought _

that love __ was __ you. __ I thought __ you were __ the an - swer to __ the ques-

- tion in __ my mind, __ but it seems __ that I __ was wrong, __ if I __ stand strong, __

__ may - be __ I'll find __ our real love. ____
(Vocal 1st time only)

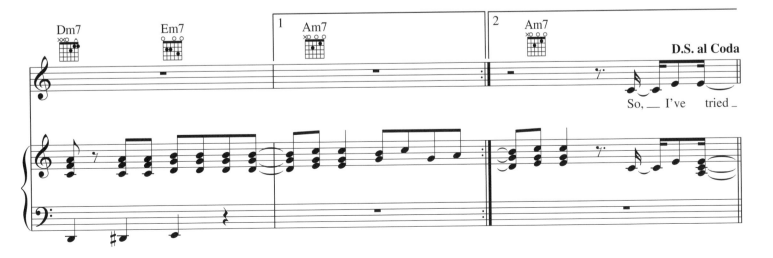

So, __ I've tried __

real love. ___ Real love, ___

I'm search-ing for a real love, ___ some - one to set my heart free.

Real love, ___ I'm ___ search-ing for ___ a ___ real love. ___

Play 4 times
N.C.

Real love. ___

NO ONE WILL DO

Words and Music by BUNNY SIGLER, ERICK ORTIZ,
KEVIN CROWE, CLIFFORD BROWN, III and DAVE YOUNG

Moderately slow

Whoa, _____ whoa, _____ whoa, _____

whoa, _____ woo. _____ Whoa _____ woo. _____

Seen man-y men in my time, _____ but none of them com-pare _____ to mine.

Recorded a half step lower.

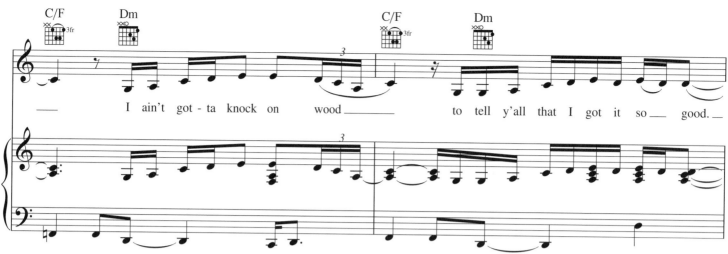

I ain't got-ta knock on wood _____ to tell y'all that I got it so _____ good. _____

_____ He's ev-'ry-thing that I need, and _____ all _____ that a man _____ should be, and

put me on a flight _____ if I wan-na; buy out the mall if I wan - na. _____

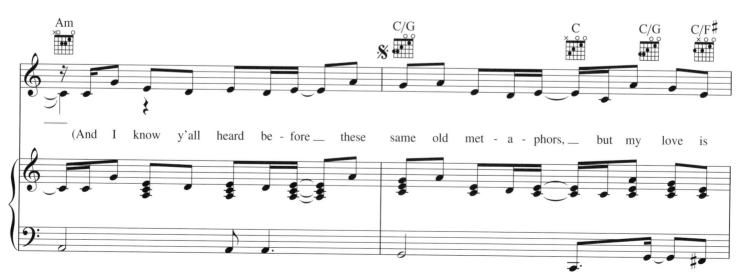

(And I know y'all heard be-fore _____ these same old met-a-phors, _____ but my love is

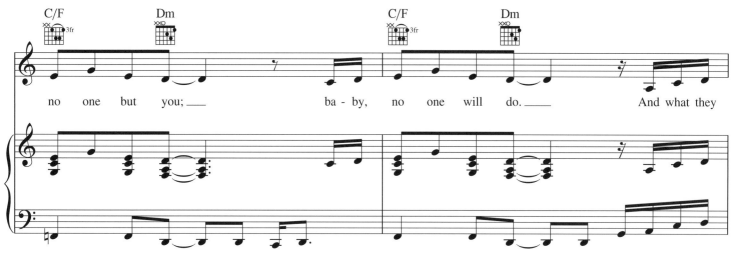

no one but you; ___ ba - by, no one will do. ___ And what they

say don't e - ven mat - ter; they don't know what I know a - bout ___ you. I don't ___ want

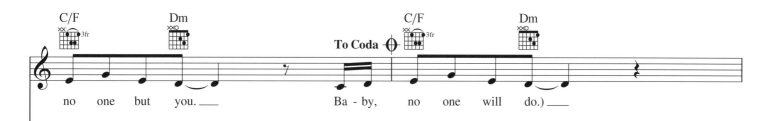

To Coda ⊕

no one but you. ___ Ba - by, no one will do.) ___

It's me and him through the wi - re, ___ 'cause when it comes to love, he de - liv - ers; ___

one I'm need - ing. I don't __ want no one but you; ___ ba - by,

no one will do. ___ And what they say don't e - ven mat - ter; they don't know what I

know a - bout __ you. I don't __ want no one but you. __ Ba - by, no one will do.) __

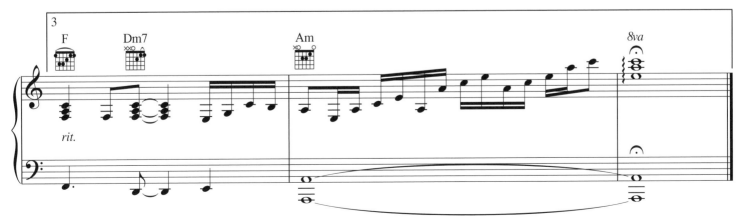

BE WITHOUT YOU

Words and Music by MARY J. BLIGE,
JOHNTA AUSTIN, BRYAN MICHAEL COX
and JASON PERRY

Moderate groove

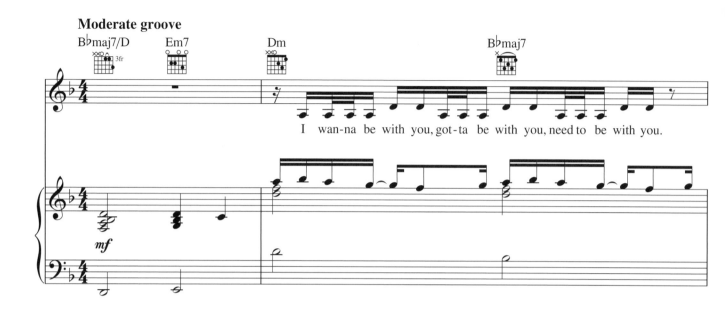

I wan-na be with you, got-ta be with you, need to be with you.

Oh, _____ oh, _____ I wan-na be with you, got-ta be with you, need to be with you.

Oh, _____ oh, _____ ooh, _____

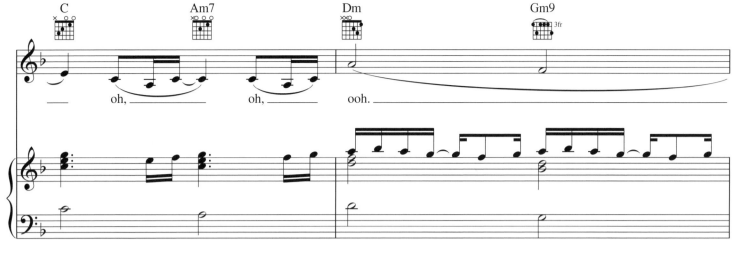

oh, _____ oh, _____ ooh. ____

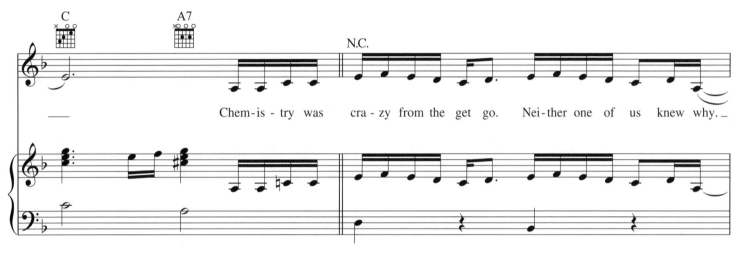

Chem-is-try was cra-zy from the get go. Nei-ther one of us knew why. __

We did-n't deal noth-in' o-ver-night 'cause a love like this __ takes some time. __

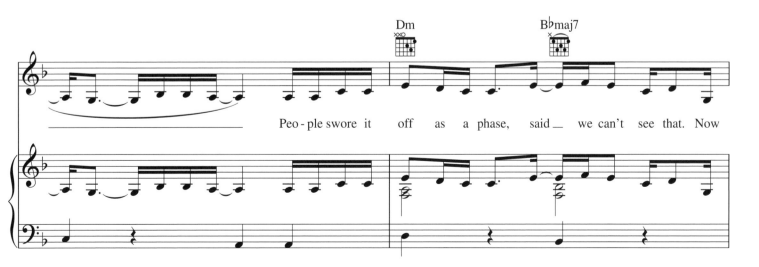

Peo-ple swore it off as a phase, said __ we can't see that. Now

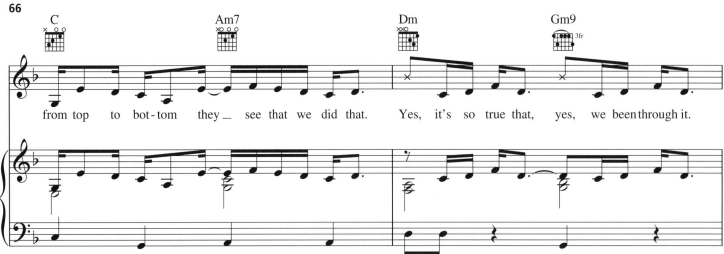

from top to bot-tom they __ see that we did that. Yes, it's so true that, yes, we been through it.

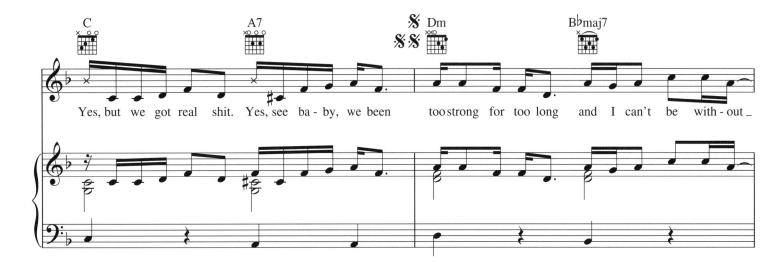

Yes, but we got real shit. Yes, see ba - by, we been too strong for too long and I can't be with-out __

__ you, ba - by. And I'll be wait-in' up un-til you get home 'cause I can't sleep with-out __

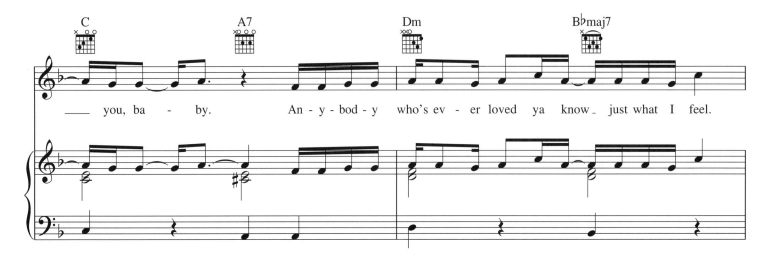

__ you, ba - by. An-y-bod-y who's ev - er loved ya know __ just what I feel.

Too hard to fake it. Noth-in' can re-place it. Call the ra-di-o if you ___ just can't be with-out ___

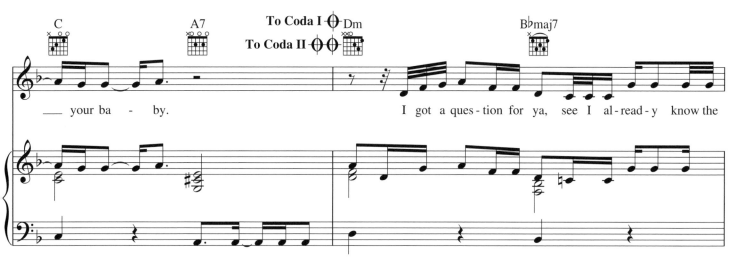

___ your ba - by. I got a ques-tion for ya, see I al-read-y know the

an - swer. _____ Still ___ I wan-na ask you, would you lie? No. ___ Make me cry? No. ___ Do some-

thin' be-hind my back and then try ___ cov-er it up? Well, nei-ther would I, _____ ba-

by. My love is on-ly ev-'ry love. Yes, I'll be faith-ful. Yes, love for real. ___

D.S. al Coda I

Yes, and with us you'll al-ways ___ know the deal. We been

CODA I

See this is real talk, I'm 'a al-ways stay _____ no mat-ter what. Through the

bad, ___ thick and thin, right or wrong. ___ All day ev-'ry day. _____ Now, if you're

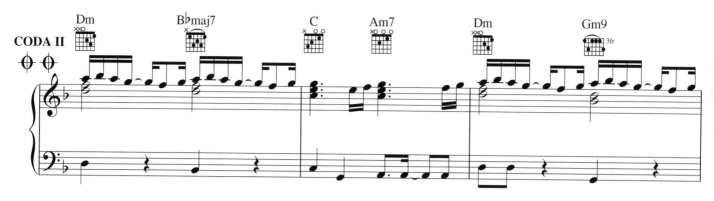

I wan-na be with you, got-ta be with you, need to be with you.

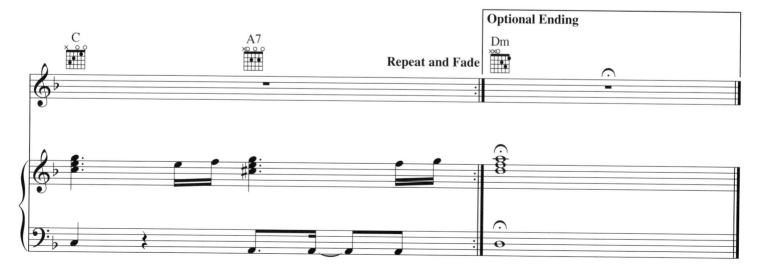

I wan-na be with you, got-ta be with you, need to be with you.

I'M GOING DOWN

Words and Music by
NORMAN WHITFIELD

down. _____

Ooh, _____ ba - by love. _____

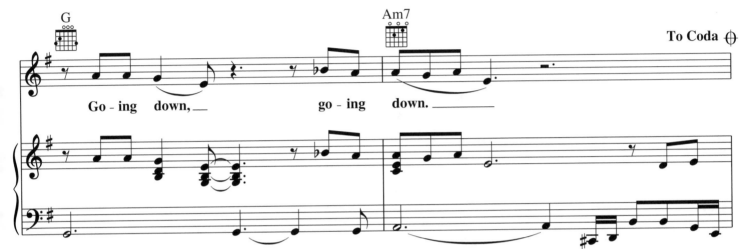

To Coda ⊕

Go - ing down, ___ go - ing down. _____

Go-ing down. Ooh,

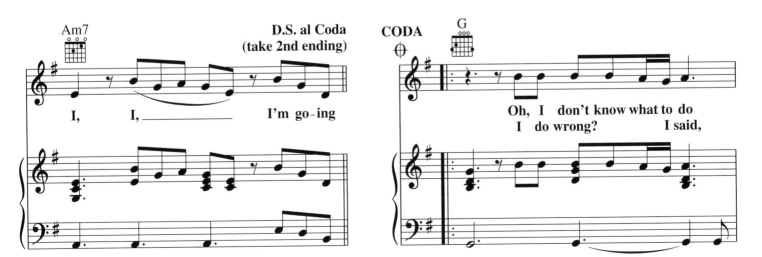

D.S. al Coda
(take 2nd ending)

CODA ⊕

I, I, _____ I'm go-ing

Oh, I don't know what to do
I do wrong? I said,

911

Words and Music by WYCLEF JEAN,
JERRY DUPLESSIS, MARY BROWN
and KATIA CADET

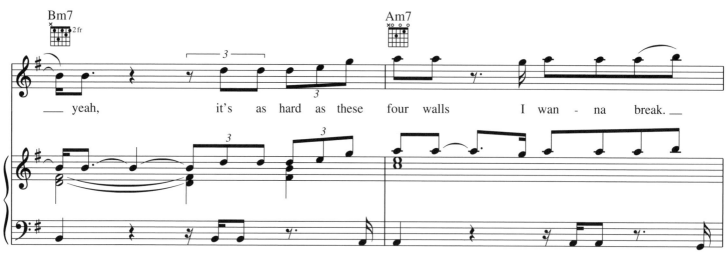

yeah, it's as hard as these four walls I wan-na break.

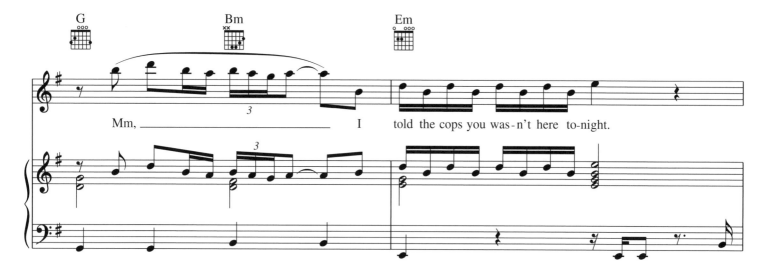

Mm, _____ I told the cops you was-n't here to-night.

Mess-in' a-round_ with me _____ is gon-na get you life, _____

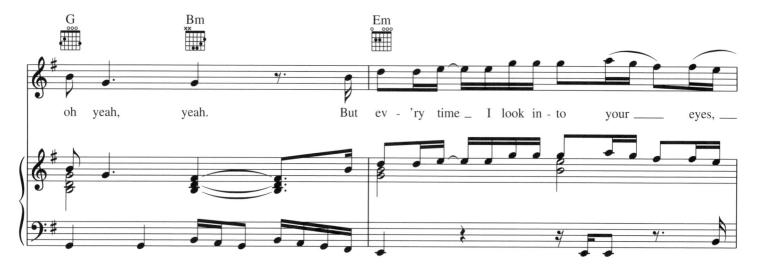

oh yeah, yeah. But ev-'ry time_ I look in-to your _____ eyes, _____

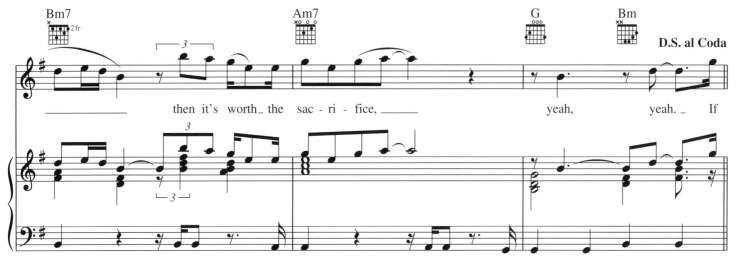

then it's worth the sac-ri-fice, _____ yeah, yeah. _ If

D.S. al Coda

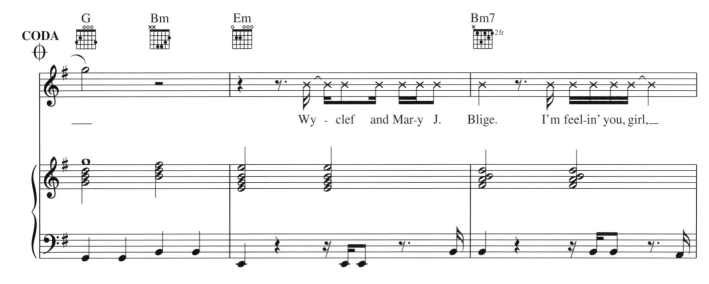

Wy-clef and Mar-y J. Blige. I'm feel-in' you, girl,—

CODA

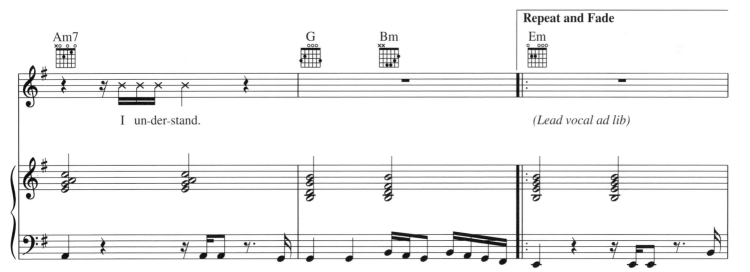

I un-der-stand.

(Lead vocal ad lib)

Repeat and Fade

Optional Ending

NOT GON' CRY

from the Original Soundtrack Album WAITING TO EXHALE

Words and Music by
BABYFACE

(1.) While all the time that I was lov-ing you, ___
(2., D.S.) I was your lov-er and your sec-re-tar-y,

you were bus-y lov-ing your-self. ___
work-ing ev-'ry day of the week. ___

I would stop breath-ing if you told ___ me to, ___
Was at the job when no one else ___ was there, ___

now you're bus - y lov-ing some - one else._ E - lev - en_ years out of my_ life,_ be - sides the
help - ing you get on_____ your feet._ E - lev - en_ years of sac - ri - fice,_____ and you can

kids, I have noth-ing to show. Wast - ed my _ years, a fool of a wife._ I should-a
leave me at the drop of a dime. Swal-lowed my _ fears, stood by your _ side._ I should-a

To Coda ⊕

left your ass long time a - go._ Well, I'm not gon' cry, I'm not gon' cry. I'm
left your ass a thou-sand times._

not gon' shed no tears. No, I'm not gon' cry, it's not the time ___ 'cause

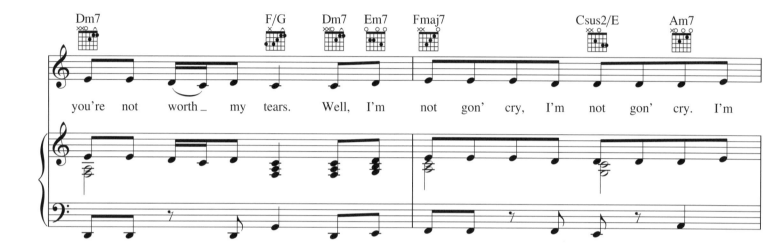

you're not worth ___ my tears. Well, I'm not gon' cry, I'm not gon' cry. I'm

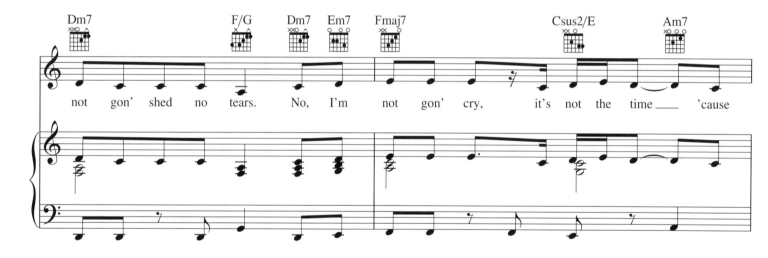

not gon' shed no tears. No, I'm not gon' cry, it's not the time ___ 'cause

you're not worth ___ my tears.   you're not worth ___ my tears.

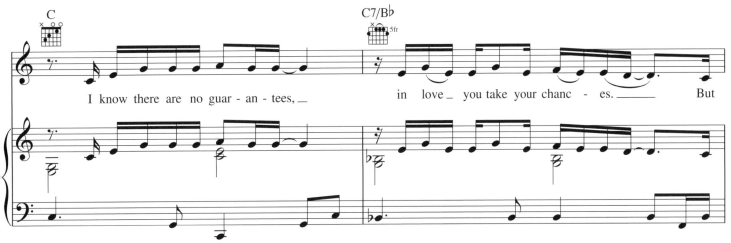

I know there are no guar-an-tees, __ in love __ you take your chanc - es. _____ But

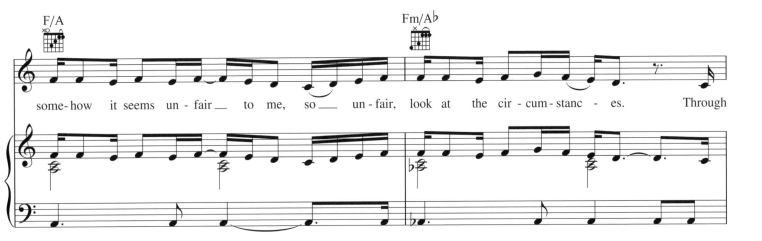

some-how it seems un-fair __ to me, so __ un-fair, look at the cir-cum-stanc - es. Through

sick-ness and health, 'til death do us part, those were the words that we said from our heart. So

D.S. al Coda
(take 2nd verse)

now when you say __ that you're leav-ing me, __ I don't __ get that part, __ oh. _____

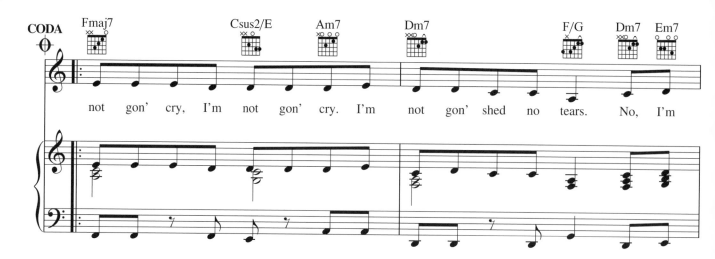

not gon' cry, I'm not gon' cry. I'm not gon' shed no tears. No, I'm

not gon' cry, it's not the time ___ 'cause you're not worth ___ my tears. Well, I'm

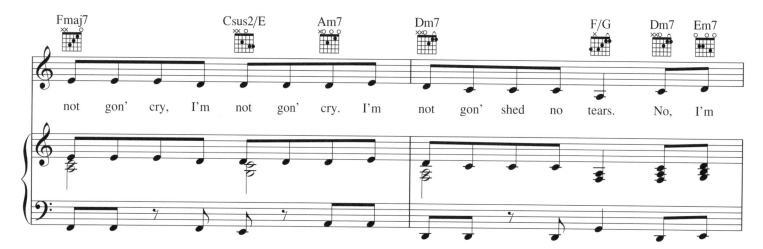

not gon' cry, I'm not gon' cry. I'm not gon' shed no tears. No, I'm

Repeat and Fade   **Optional Ending**

not gon' cry, it's not the time _ 'cause you're not worth _ my tears. Well, I'm not gon' cry.

MY LIFE '06

Words and Music by SEAN COMBS,
MARY J. BLIGE, CHUCKY THOMPSON,
ARLENE DELVALLE and ROY AYERS

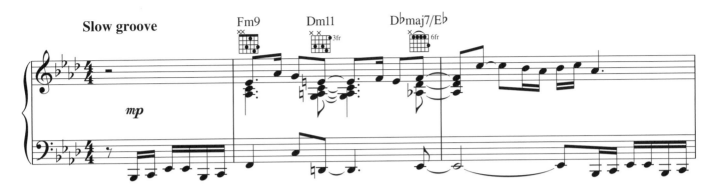

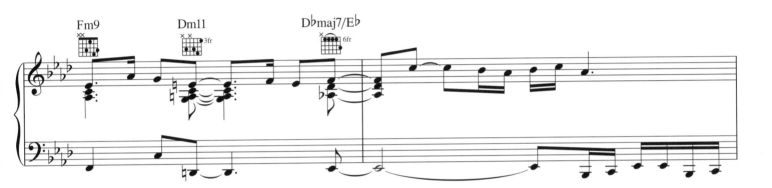

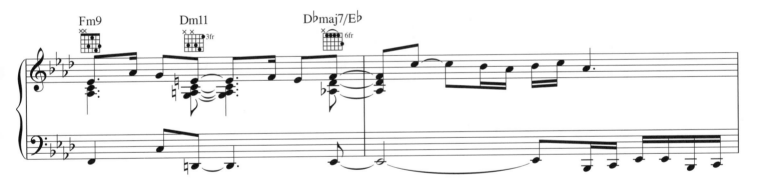

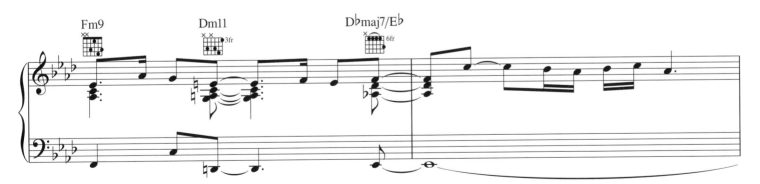

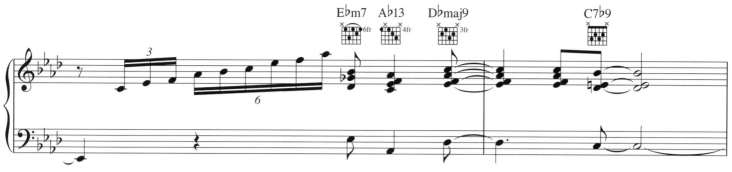

(My life, my life, my life __ my life, ___ in the sun - shine.) If you looked in my life __ and see what I've __

__ seen, ___ la, da, da, da, da, if you looked in my life __ and see what I've __

__ seen, ___ la, da, da, da, da, if you looked in my life __ and see what I've __

and you'll find ___ in time ___ that all the neg - a - tive en -
but we will ___ get by, ___ and if you don't ___ be - lieve

er - gy, ___ it will all ___ de - cease ___
in me, ___ just be - lieve ___ in Him, ___

and you'll be at peace with your - self. ___
'cause He'll give you peace ___ of ___ mind ___

You won't real - ly need no one ___ else ___
and you will ___ see the sun ___ shine ___

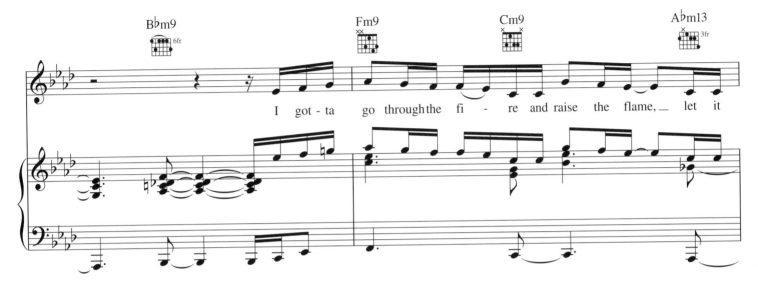

I got-ta go through the fi - re and raise the flame, __ let it

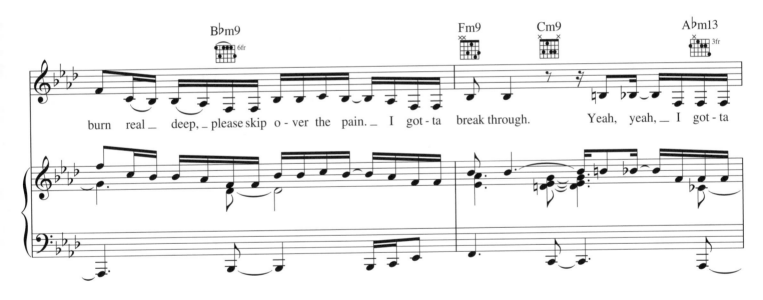

burn real __ deep, __ please skip o - ver the pain. __ I got-ta break through. Yeah, yeah, __ I got-ta

break through. __ I'm rec - og - niz - in' the man __ in the mir-ror was me __ that was

seen, _____ if you looked in my life ___ and see what I've ___

seen, _____ my life ___ is ___ just like your ___

___ life, _____ oh. _____

rit.

BE HAPPY

Words and Music by SEAN COMBS,
MARY J. BLIGE, ARLENE DELVALLE, JEAN C. OLIVIER,
CURTIS MAYFIELD and GILBERT ASKEY

1. How can I love some-bod-y else if I can't

2. (See additional lyrics)

love my-self e - nough to know ___ when it's time, ___

time to ___ let go? ___

Chorus

Sing, All I real - ly want is to be hap - py, to

find a love that's mine. It would be so ___ sweet. All I real - ly want is to

all I see __ is me __ for you __ and you for me. _____ Oh, ____

Fm9

__ I can - not hide _ the way _ I feel __ in - side. _

I don't _ know why, _ but ev - 'ry day I wan - na cry. If I give _

__ you one _ more try__ to these rules _ will you _ a - bide? _ And if I mean _

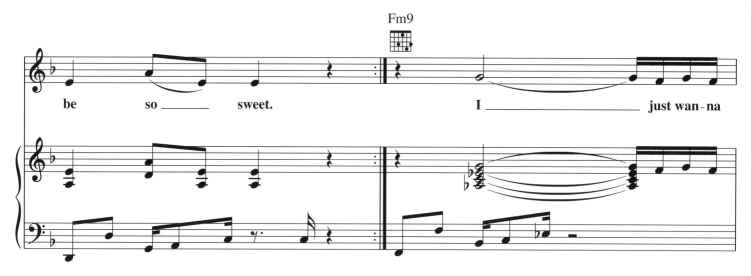

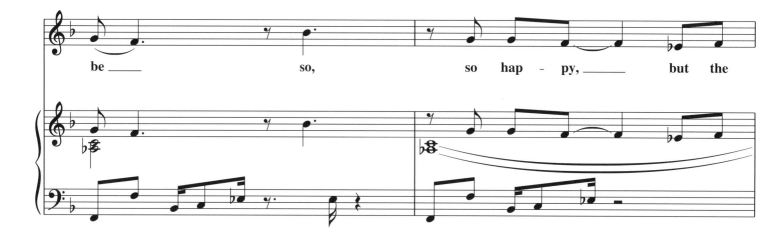

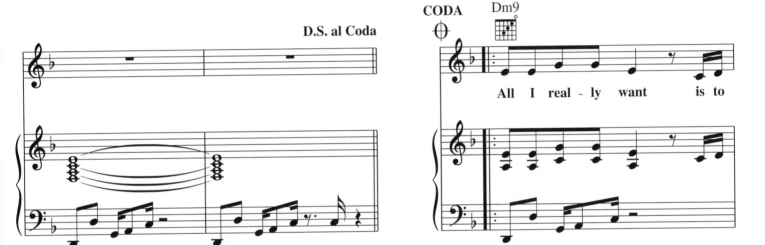

Additional Lyrics

2. **Life is too short to be trying to play some games.**
   Now take some time and you think about if it's really worth losin' me.
   Why must it be this way? Why do you have to play with my mind all the time?
   Help me sing it.

   Chorus

I'LL BE THERE FOR YOU/ YOU'RE ALL I NEED TO GET BY

I'LL BE THERE FOR YOU
Words and Music by CLIFFORD SMITH
and ROBERT F. DIGGS JR.

YOU'RE ALL I NEED TO GET BY
Words and Music by NICKOLAS ASHFORD
and VALERIE SIMPSON

Moderate Hip-Hop

to get by.

Short - y, I'm there for you an - y - time you need me. For real, girl, it's me in your world, be - lieve me.

Noth - in' make a man feel bet - ter than a wom - an, queen wit' a crown that be down for what - ev - er.

There are few things that's for - ev - er, my la - dy, we can make war or make ba - bies. Back when I was

noth - in' you made a broth - er feel like he was some - thin'. That's why I'm wit' you 'til this day, boo, no front - in'.

E - ven when the skies were gray __ you would rub me on my back and say, "Ba - by, it - 'll be o - kay." __ Now that's

real to a broth - er like me, ba - by. __ Nev - er, ev - er give my boot - y a - way __ and keep it tight, all right? __

__ And I'm - a walk these dogs __ so we can live in a phat - ass __ crib wit' thou - sands of kids. Word __

life, you don't need a ring __ to be my wife. Just be there for me and I'm a make sure we be

liv-in' in the fuck-in' lap of lux-u-ry. __ I'm re-al - iz-in' that you did-n't have to fuck wit' me, __ but you

did. Now I'm go-in' all out, kid, __ and I got mad love to give. __ You my nig - ga. You're all __

__ I need __ to get by. __

You're all ____ I need _____ to get by. ____

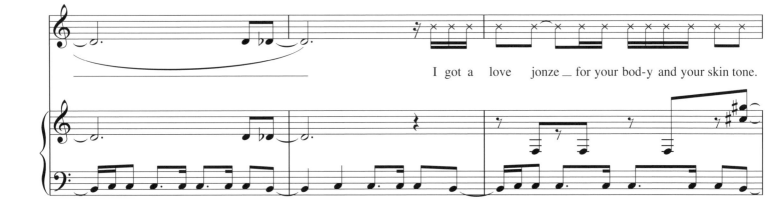

_____ I got a love jonze ___ for your bod-y and your skin tone.

Five min-utes a - lone, I'm al-read-y on the roam, plus I love the fact you got a mind of your own. No

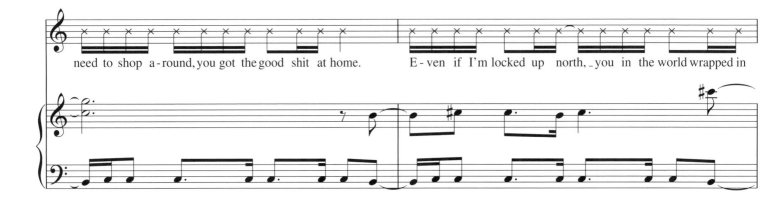

need to shop a - round, you got the good shit at home. E - ven if I'm locked up north, ___ you in the world wrapped in

three fourths of the cloth, nev-er show-in' your stuff __ off, boo. __ It be true, me for you, that's how it is.

I can be your No-ah, you can be my wiz, then I can be your sun, you can be my earth.

Res-ur-rect-in' God through birth, that's be-lief. You're all that I need, I'll be there for you. __ If you

keep it real wit' me, I'll keep it real wit' you. __ Love in your whole steeze, it be in there, boo. __ On top of
You're all _____ I need __

that, you got the good pow - er, you. You're all that I need, I'll be there for you. ___ If you
to get by. ___

keep it real wit' me I'll keep it real wit' you. ___ Love in your whole steeze, it be in there, boo. ___ On top of
You're all ___ I need ___

that, you got the good pow - er, you.
to get by. ___

___ You're all ___ I need ___